AF595649

EL ÁRBOL QUE VESTÍA DE VIERNES

ExLibric

MANUEL RIESCO GONZÁLEZ

EL ÁRBOL QUE VESTÍA DE VIERNES

EXLIBRIC
ANTEQUERA 2023

EL ÁRBOL QUE VESTÍA DE VIERNES

Diseño de portada: Dpto. de Diseño Gráfico Exlibric

Iª edición

Editado por: ExLibric
c/ Cueva de Viera, 2, Local 3
Centro Negocios CADI
29200 Antequera (Málaga)
Teléfono: 952 70 60 04
Fax: 952 84 55 03
Correo electrónico: exlibric@exlibric.com
Internet: www.exlibric.com

ISBN: 978-84-19827-49-4
Depósito Legal: MA 954-2023

Nota de la editorial: ExLibric pertenece a Innovación y Cualificación S. L.

MANUEL RIESCO GONZÁLEZ

EL ÁRBOL QUE VESTÍA DE VIERNES

I. VIAJE
CON JAMES WEBB

1. Viaje con James Webb

A Haruki Murakami

Ayer, 25 de diciembre,
viajo de polizón en el James Webb,
telescopio jamás imaginado.
Su misión: vagar por el espacio
hacia los orígenes del universo.
Ahí es nada.
En la lanzadera me ajusto los machos.
El combustible neuronal da para poco
y decido apearme en la tercera nube.
Mientras regreso a tierra,
zambullido y volteado por la gravedad,
me ataca un fugaz enigma de Murakami:
¿Cómo representar un círculo
con muchos centros, pero sin perímetro?
Segundos antes de aterrizar en el desierto,
me rindo. Todo en vano.
Sacudo el traje y me dirijo a casa en bicicleta.
El gringo y el japonés siguen martilleando.
Einstein, Hegel, Harari, Cronos…,
nadie viene en mi ayuda.
Cansado, me tumbo en la cama,
cierro los ojos, respiro

y me adentro en mi agujero negro.
¡Allí, allí, allí están los dos!:
mi corazón y mi conciencia
abrazando la luz en un círculo,
rebosante de amor y compasión,
con muchos centros sin fronteras.
¡EUREKA!

2. CUBA, PAN DE AZÚCAR Y CANELA

Son de mis amores,
tarde serena,
mar pintado de azul,
peces de mil colores,
playa de blanca arena.
Cuba, preñada de ensueños verdes,
cantos que el sol peregrino
regaló a la luna
enamorado de su luz de plata.
Cuba, donde los gallos cantan
a las dos de la mañana
un concierto desbocado de armonía
a la Virgen de la Caridad.
Dime, Cuba, son de mis amores,
¿quién?, ¿quién te ha robado la alegría?,
¿quién olvidó el cuento
que arrulla al tamarindo?,
¿quién apagó el cigarro
en el fresco aroma del café?
¡Ay, mi niña coronada!,
mi morenita de alma prieta,
desnuda y sola te dejaron
en la Habana Vieja.
Me duelen tus ojos tristes,

ojos de enamorada,
ojos que un día
desterraron las penas
de la madre tierra.
Cuba linda, Cuba madre,
son de mis amores,
pan de azúcar y canela,
Cuba eterna.

3. El reloj del universo

—Papá, ¿por qué las estrellas
no se mueven?
—Ve a jugar, cariño;
cuando regreses,
ya se habrán dormido.
—¿Y cómo saben
cuándo tienen que acostarse?
—Hija, el universo no tiene reloj,
se levantan y se acuestan
cuando les place.
—Papá, yo quiero ser estrella
para dormir cuando
me cuentes un cuento
y despertarme,
cada mañana, siempre tarde,
para no ir el cole.

4. Lanzarote duerme

Lanzarote, tierra viva.
Lanzarote, tierra muerta,
Edén disfrazado de duende,
desierto de doncellas
de pubis negro y senos turgentes
mirando al cielo.
Lanzarote, hija de dioses.
Vulcano nunca duerme,
insufla fuego y, a su capricho,
regurgita leche negra.
Eolo zurce sin descanso
la melena enhiesta de palmeras.
Los ojos azules de Poseidón
rodean con ternura playas,
y regalan cada día el rocío
que sacia sed eterna.
Lanzarote, tierra viva.
Lanzarote, tierra muerta.
El vientre de Timanfaya ruge,
la boca del Corona duerme.
Lanzarote duerme. ¡Silencio!,
no despertéis el silencio,
no rayéis el pío-pío de los pardales,
no quebréis la rebelde pluma

del portugués adoptado
que hizo al Jesús más humano
y lo arrulló con nanas de humor.
Dicen que Marte nació en Lanzarote.
Lanzarote, tierra pobre, tierra yerma,
paz, sosiego para el caminante,
bronce para cuerpos ávidos de sol.
Laguna Verde besando el mar,
Jameos del Agua,
arterias vivas
por las que ayer corrió lava,
el tiempo volvió estériles
y la musa de César Manrique,
vestida de amarillo, verde y azul,
esculpió diosas coronadas.
Lanzarote embelesa,
sembrada de pueblos blancos,
pobre en casi todo,
rica en casi nada.
En la Cueva de los Verdes
una banda de gorriones
compite con el inmortal Kraus
en una sinfonía inacabada del silencio.
Arte y sudor
cobijan las vides que buscan
con ardor la frescura

bajo la costra del basalto.
El gaznate agradece
un vino seco Malvasía.
Caleta de Famara,
olas inmensas de espuma,
siempre alertadas por el viento.
Real villa de Teguise,
primera aldea de los majos,
hasta que Arrecife,
en jugada traicionera,
le quitó la mano.
Lanzarote, tierra viva.
Lanzarote, tierra muerta.

5. El alma de Pericles

Grecia renueva
el vestido del alma.
Pericles me enseñó
amar la belleza con sencillez
y amar el saber sin relajación.

6. AMAZONAS SALVAJE

Cuando ayer visitaste mi cabaña,
una ráfaga de aire fresco
se coló por la puerta de entrada.
En tu sonrisa madreperla,
volcán de palabras fiero,
allende cumplidos y géneros,
ondea el ritmo natural de vida,
la brisa, el olor y la alegría
del Amazonas salvaje.

7. CONTEMPLACIÓN

Llueve agua
caen gotas
u
n
a
y…
o
t
r
a
.
.
.
latierrasemoja

8. Tiempo relativo

Dime, *pardala,*
a qué te sabe la vida:
¿a yugo o a libertad?
Si cuento el tiempo corrido,
solo me salen los años
que contigo he vivido.

9. En busca de vaqueiros

España es un país
de columna invertebrada.
El coche tempranero
me sacude las sábanas
y raudo me guía
por la estepa castellana.
Busco mis raíces.
¿A quién tengo que dar cuenta?
De Zamora a León,
rayos y centellas alumbran un cielo gris.
El aguacero golpea el parabrisas sin piedad.
En campos de Castilla
la lluvia patina sobre piedras viejas
o se esconde en venas profundas
de tierra parda que, allende,
alumbrará arroyos y ríos.
¡Alto en el camino!
El embalse de Barrios Luna,
obra de castellanos recios y bragados,
recoge el liberal regalo del río homónimo,
defendido por una profunda garganta;
sabinares, hayedos, encinares,
pinos, robles y abedules
abrazan su perímetro infinito.

Oviedo me acoge
en el evocador Parque San Francisco.
Un calendario de flores,
renovadas cada amanecer,
recuerda al caminante
su único momento:
«No te preguntes la edad, eres eterno».
Oviedo, limpio y cuidado,
patena de plata y oro.
La bondad y gentileza de sus gentes
acompañan al bienvenido.
Cudillero,
alfombra vertical tejida de colores,
hoy animado por errantes viajeros.
Pasito a pasito, me adentro
en el corazón de Asturias;
un paraíso,
hasta que el látigo de la ciudad
desterró a Eva.
Hoy es un vergel,
pero sin niños ni almas vaqueiras.
El verdor del paisaje me arrebata,
su soledad lo hace más bello.
Los cerros de Soto de Luiña
unen y segregan caseríos
colgados, desperdigados;

ayer, abiertos;
hoy, ajados y vallados.
Arcadio, joven lugareño,
saca sus vacas *carreñanas* a pastar;
buen mozo, sonríe,
tuvo que buscar nido en Gijón:
«Pa ir tirando me gusta, porque nací aquí».
Mi apellido huele a vaqueiro,
se siente en casa, borracho de luz
y agradecido por brindarme la mano
que el mar certificó una tarde
con mil risas desatadas.
Asturias huele a verde y sabe a miel.
San Martín de Luiña, Salas, Malleza,
Brañalonga, Tineo, Naraval, Aristébano.
Las brañas encumbradas saludan
entre curvas, senderos, roquedales,
prados, hayas, castaños, abedules,
pinos, arroyos, eucaliptos.
Unos días se levantan deslumbrantes;
otros, arropadas por orvallo
y mares de niebla.
Son cobijos de la madre tierra.
En el puerto pesquero de Luarca
pregona el maestro Ochoa:

«Creo que la humanidad
tiene que hacer un gran esfuerzo
para progresar espiritualmente,
y es necesario llevar la cultura y la educación
a todas las clases sociales».
El alto de Brañaseca
me regaló dos flores.
Una desprendía energía,
la acaricié y la dejé ir;
con la otra me quedé,
hojas amarillo limón
y olor a hierba recién cortada.
Con los labios la recogí
y la trasplanté a mi jardín.
Es de nácar la piel
que el sol pintó morena,
rubia cabellera,
ojos verdes como el lago verde.
Un paisano me asegura
que su sonrisa es faro
para los pescadores de la mar.
Dos mojitos y un cachopo
cayeron, *proprio sensu*,
en la fragua de mi oficina.
Cada mañana le hablo y acaricio,
haciendo tiempo

a que una gota de rocío
anide en su cáliz
la espera esperanzada.
Pletórico y con el alma encogida,
regreso a los cenicientos,
amarillos campos de Castilla.
Parada en la Pulchra Leonina,
donde el noble y aguerrido Cide
puso de rodillas al pánfilo Alfonso Sexto.
Un verdejo alegra el pulpo aliñado
con pimentón picante de la Vera.
Brindo por el feliz encuentro
con mis viejas rutas vaqueiras.

10. Baile de Sócrates con Zorba el Griego

En Atenas cantan las chicharras;
en Delfos, los grillos.
No se ven,
se esconden en los árboles,
y en los recodos de las piedras.
Grecia, diosa, ENERGÍA eterna,
madre del verbo bien dicho.
Energía sexual y sensible
preñada en la belleza de Afrodita
y en los devaneos de Zeus.
Energía del aire
creadora de vida y movimiento.
Energía del espíritu,
conexión de alma y mente
en el ágora con el buen Sócrates.
Energía incombustible,
alegría y música perenne
en el baile con Zorba el Griego.

11. Dopamina en el Rastro de Madrid

Mañana de sol alegre,
abrazos de multitudes.
Olas de susurros,
olores y colores,
voces gitanas, canarios,
codazos amables,
músicas y pregones.
Soy un artificio
entre incontables cachivaches
de la necesidad y la fiesta.
Feria de humanidad
variopinta y vigorizante.
Por fortuna, las neuronas
se fueron de vacaciones.
Una cañita y…
¡dopamina adelante!

12. Amor de la tierra

No hay bajo el cielo
fragancia más sublime
que el olor a herbaliza
de lentejas armuñesas.

13. La última sonrisa

El río Manzanares cubre de niebla
una mañana tempranera.
Me brota una sonrisa ante el «gracias»
que una joven colombiana
regala al conductor del bus 652 a Madrid.
Las emisoras de últimas noticias
se pelean repartiendo
basura, rarezas y negruras.
Los trigales dorados de Ucrania están de luto,
el cielo despiadado vomita fuego negro.
«Soy un civil, no disparéis», grita un ciudadano.
Y una banda de asesinos
al mando de un loco ególatra
escupe en Bucha
un millón de bramidos negros.
Cuerpos yermos, manos atadas,
blue jeans y chaquetas negras,
besan, retorcidos, la tierra roja.
Diez mil sonrisas de niños
truecan para siempre en muecas
los mil porqués a un cielo negro.
Almas de mujeres destripadas
por vientos negros de fuego negro
parirán semillas huérfanas.

Un cuervo negro con dientes de hiena
choca contra el parabrisas;
el 652 se encabrita y bufa sonidos negros.
Los cristales se clavan
en las retinas del conductor,
que ya sólo distingue sombras negras.
Una banda de gallinazos
se cuela por el agujero,
sus graznidos sacuden la modorra
de los más ingenuos
y, en un instante, devoran, ávidos,
sesos, tripas y huesos de los viajeros.
El bus 652 huele a podrido,
solo restan unas sobras
que, en cueva negra,
la ávida gula del poder
escondió en agujero negro.

14. Amigos

Los encontré jugando en el bar:
Bach unió mi dedo al dedo de Dios;
Mozart me regaló un elfo de azahar;
con Beethoven bailé *rock & roll*
hasta que el gallo cantó de mañana.

II. EL ÁRBOL QUE VESTÍA DE VIERNES

15. Dueño de mi tiempo

Fue tiempo de soñar y, sin embargo,
estaban ya las cartas repartidas.

Luis García Montero

Cuando plácido me senté a la mesa,
las cartas ya estaban repartidas.
Pero en un despiste del destino
las cambié y eché un pulso a Cronos.
«El tiempo», pensé,
«es un fútil invento humano».
Usé mi chance y me convertí
en alfarero de ilusiones.
Forjé arados, deshice enredos,
rompí cadenas,
amé y pené en albor
y noches de luna negra,
amé y bailé con la luna llena.
Mis amigos al punto protestaron:
«¡Una argucia!».
No les hice caso.
Las cartas aún no estaban echadas.
¡Qué carajo!
¡Aquel era mi tiempo!

16. ORÁCULO

Dices que eres transparente,
que nunca mientes.
Lo creo.
No aceptaría falsas palabras,
pero las medias verdades
y el sesgo en tu mirada
aprisionan la luz.
¡Ay!, me dueles tanto tanto…,
que me duelo.
Protesto,
pegunto a Delfos
y me callo.

17. EL ÁRBOL QUE VESTÍA DE VIERNES

A cierta edad,
la hora es año;
el minuto, eternidad.
Miro el árbol de tu jardín:
tiene el tronco ya rajado,
pero sus raíces y ramas
vislumbran retoños de vida.
Juegas al humor día y noche,
eres niño con los niños.
El COVID te desterró
a la última fila:
aguantar o morir,
y lo quebraste.
Fiador de sus hipotecas,
los hijos te encierran, aleves,
en morideros ominosos;
en casa ya eres trasto viejo.
Te nutre el amor de los nietos.
Los bancos te orillan en la red,
pero necesitan tus perras.
Te echaron a los cincuenta
y contrataron *dos caballos,*
pero sabes mejor que nadie

el peso de tu experiencia.
Arador de surcos que siembro,
jamás te has tocado las napias;
mereces reconocimiento,
abrazos, descanso y respeto.
De tus errores y aciertos
escribiré una carta de amor
al tiempo sabio y agradecido
que no repara en componendas.
El doctor dice
que tu dolor es natural;
que el sexo ya no es consuelo,
si no brota el amor.
¿Qué sabrá él de eso?
Lo que no es natural es la edad.
Te regalo una bicicleta
para que a los noventa y dos
encabeces la carrera.
«¿Me estaré volviendo viejo?», dices.
«Parece que todo el mundo lo ve».
Yo creo que eres mayor que ayer,
pero aún no lo sientes.
Ponte traje y corbata
para vestirte de viernes
y baila, mojito en mano,
hasta que despunte el alba.

No hay mayor desgracia
que vivir y morir muriendo.
Estaré siempre a tu lado.
Al ocaso de la jornada,
con una sonrisa y un guiño
nos daremos un abrazo:
—«Mil gracias, amigo».
—«Hasta luego, compañero».

18. El horno del recuerdo

Pregona la voz del recuerdo
que a la humanidad le ha ido
mejor cuando ha colaborado,
aunque el camino esté regado
con la sangre de los más débiles.
Dice también mi abuelo
que los hechos son pan horneado,
no pan de molde;
que al ayer, maestro que escribe
en roca dura con estilete de cuarzo,
hay que dejarlo descansar.
Solo conviene despertarlo
para que el niño aprenda.
Mi abuelo dice
que el destino puso mesa y fichas,
para que la biología social
juegue la partida
entre blancas y negras.
¿Cómo acabará la fiesta?

19. Al habla con Bertolt Brecht

Unos callan porque saben,
a otros no les importa
o no saben casi nada.
En el bazar de la mudez
hay muchos bozales:
don miedo, don secreto,
doña discreción y su comparsa,
la marquesa distinción.
A veces asoma la timidez,
la imaginería, por supuesto,
la cobardía y el *ridiculón.*
«Habla cuando toque,
calla cuando respires»,
cliquea un vidente ciego,
amigo de Bertolt Brecht.

20. Memoria

A Gabriel García Márquez

Hija, mi pasado no es lo que fue,
sino lo que yo recuerdo
y cómo lo recuerdo para contártelo a ti,
mi vida, mi niña de ojos verdes.
No lo justifico, ni manipulo,
no lo culpabilizo ni maldigo.
No soy inquisidor ni hacedor
de ayeres teñidos de ignorancia
o prejuicios de mentes retorcidas.
Nuestros abuelos fueron indios,
nazis, dictadores, revolucionarios,
santos, ateos, artistas, poetas…
Ahí está: lo que es y lo que fue.
Se ha hecho mayor,
hay que dejarlo pacer.
Lo escrito, escrito está.
Yo lo recibo, lo guardo
y trato de seguir viviendo.

21. CON-VERSACIONES

Dice el filósofo:
—«Pienso, luego existo».
Responde el león:
—«Lloro, grito, aúllo, blasfemo…, luego existo».
Salta mi ego:
—«Pienso, luego molesto. Siento, luego existo».
De las vivas neuronas nace la filosofía;
la poesía, del amor y el lamento.
¿Quién fue primero?
Un torrente de berridos
rasgó el aire cuando nació mi hija
un día de primavera.

22. Del adanismo a la quimera

¿Cualquier tiempo pasado fue mejor?
No quiero regresar a las cavernas.
¿Morir por el futuro en avernas?
No creo en el paraíso ulterior.

¿Chalupas paleteando al exterior
contracorriente a las tabernas?
Su destino acabará en cisternas:
mal año y peor vino del prior.

¿Dar *passing shot* a los días?
Bálsamo para estúpidos.
Dime, ¿dónde te encuentras?

Acampo en el arroyo
de aguas claras, mansas, puras,
y en su orilla siembro enebros.

III. EL BAILE DE LAS PALABRAS

23. Poesía

Ética, estética,
vida y compromiso,
espejo de luz sombría,
forja del paraíso,
senda de libertad.
A embeber tu esencia,
hálito delicado,
madrugué una mañana
con traje de minero
y abrazado a la mar.

24. El oficio de escribidor

En mi mesa conviven dos plumas:
una es hija de pavo;
la otra, trenzada de oro y marfil,
me la regaló una musa.
La regalada
escribe con tinta de colores
lo que le viene al magín;
no entiende de puntos ni comas,
indaga la belleza de la verdad
y el alma de los sueños.
La del pavo
escribe con tinta negra;
es purista, altiva, exigente,
tacha, limpia,
dialoga con académicos,
vuelve a repasar una, dos
y hasta tres mil;
tacha de *borratajos*
el trabajo de la colega,
censura su desidia
por no aprovechar el curso
al que acudieron en la RAE.
Desde su otero,
la musa responde

que ella es hija de diosa,
que sobra tanta academia
cuando en la calle
todos nos entendemos.
Yo me río de sus trifulcas;
son como niñas traviesas,
pero las necesito y las quiero.
Si se ponen pesadas,
las cautivo en el baúl del silencio.
Tengo mi debilidad natural,
pero no puedo confesarla,
porque se encelan, me la juegan,
y lo paga el cuaderno.
Ahora me están pinchando
y doy fe que sudo al tratar de cerrar
este relato que les cuento.
A veces, les doy libertad;
otras, las organizo según el momento.
Por costumbre, desvelan mi descanso.
La más juiciosa
no se acuesta hasta cerrar el trabajo,
sean la una, las dos o las tres;
la inquieta
siempre deja su tarea inconclusa;
dice que su mayor dolor de cabeza
es enfrentarse cada mañana

a una hoja en blanco.
Cada día las lustro y las saco a pasear
por montañas, calles, jardines, tabernas…
Son caprichosas
hasta más no poder.
A fin de cuentas, no me cabe otra
que respetarlas y mimarlas,
si no quiero enterrar el hálito
o perder mi empleo.

25. LA VERDAD ES BELLA

Hay palabras, dibujos,
esculturas, melodías…,
hijas del cerebro
y la fantasía.
Otras nacen del corazón
o viven en la calle.
La belleza de la verdad
no tiene amo,
transforma y remueve,
ronronea como el gato
cuando le acaricias el lomo.
Si quieres ser su amigo,
abre el oído, guiña el ojo,
habla con la montaña
y da pase al silencio.

26. Voz que no cesa

Oigo tu voz
a la alborada,
a mediodía,
en la noche.

27. LA CASA ENCANTADA

En el trazo de mi pluma
hay escondrijos de vida,
deseos de inmortalidad,
aún logros y desencantos,
compromiso ineludible
de un corazón sentiente;
miradas de lo que veo
y me gustaría ser.
Cuando escribo me consuelo,
parlamento, memorizo.
Si te acercas, puedo amarte,
evocarte, seducirte,
matarte y resucitarte.

28. Niño poeta

—Mamá, cuando sea grande
seré escribidor de cuentos.
—Hijo, tu imaginación
rebosaba ya en mi seno.
—¿De veras, mamá?
—Sí, tesoro mío.
—Necesitaré una pluma.
—Yo te la regalo
para que dibujes
la luz del silencio.
—¿Tú me enseñarás?
—¡Shhh! Calla y abraza al mundo
con sus glorias, sus duelos.
—¿Qué más, mamá?
—Una cosa, mi cielo:
cuando seas grande,
ten siempre en la mesa
una copa de vino viejo.
—Mamá, prometo que acabaré
siempre mis deberes.
—Muy bien, hijo.
—Mamá, mamá,
anoche soñé un sueño.
—¿Me lo cuentas, ruiseñor?

—Tú eras la reina
y yo peinaba tu pelo.
—¡Ay, mi niño,
cuánto te quiero!
—Mamá, ¿me prestas un euro?
Mañana te lo devuelvo.
—¿Para qué, prenda mía?
—Quiero invitar a mis amigos
a un helado de chocolate
con florecillas de almendro.

29. Mozart y Federico al alimón

Si tú eres música,
yo soy poesía.
Cuando vestimos
el traje de armonía,
todo el cosmos baila
son de amor salvaje,
calle de la alegría.

30. Señorío

Manjar de dioses, naciste esbelta.
Emisaria del pensamiento,
energía para el desaliento,
PALABRA,
camino de ida y vuelta.

31. Contra el cotorreo

La sabiduría calla,
la necedad pregona.
El sabio está y sabe estar,
amigo de la luz,
palabra justa.
Shhh, ¡silencio!

32. El baile de las palabras

Escribir es bailar con las palabras.
Ahí me siento feliz.
Salvo el duende de la pluma,
no tengo rival apuesto
para elegir pareja.
A veces resulta arduo
seducir su fino orgullo.
Cortejar a las más guapas
—pura apariencia—
no merece tanto afán.
Cada una luce con garbo
su traje de terciopelo
en la fiesta de invitados.

33. Dueto

Yo soy pluma
y tú, tintero.
Brote de espuma
en mar venero.

34. El rincón del poeta

La poesía es panal de miel
elaborado con flores
de un jardín sin dueño.
Sus versos, arterias de alegría,
volcanes de odio, dolor, amor,
hielo, rocío, mar y río,
infancia, vejez, juventud,
sonrisa y lágrimas de niña pobre,
duende, noches de sudor y desvelo.
El poeta, áncora del tiempo,
esculpe belleza, compasión,
pincel azul, blanco,
rojo, verde, negro,
agua clara, movimiento, vida.
Testigo de lo infinito,
camarada del misterio,
compromiso universal,
musa y caoba,
trabaja con los ojos abiertos
en su mesa de carpintero.

IV. MARIPOSA EN LLAMAS

35. La gata que pasó de largo

Sábado tarde,
calle Princesa.
Veinte abriles tenía
la gata de ojos verdes
y duende en la cintura.
Cuerpos sedientos,
gotas de sudor,
sonrisas en flor,
olor a albahaca y limón,
luz serena y aire limpio.
El cielo fue testigo:
al doblar la esquina de El Corte Inglés,
su lomo de gata ladina
me quebró el beso
con quite traicionero.
Otros vinieron,
pero aquel se perdió
irremediablemente
y para siempre.

36. DESTELLO

Camino a la majada,
la vi rayando el alba.
Cántaro al hombro,
frescura en la su cara,
pañolito de algodón
y sonrisa de plata,
un vestido de color,
—¡ay!—
de pintas rojas y blancas.

37. Mariposa en llamas

Mariposa que noche y día
a la luz del candil revolotea.
Agujero negro que engulle
del cosmos la energía.
Buscabas cariño,
y el amor quemó tus alas.
En vidas pasadas coincidimos;
en la fragua ígnea de Vulcano,
abrazados, nos fundiremos.

38. ANHELO

Una, dos y tres,
tus cabellos, niña,
que los quiero ver.
¡Amor del alma!,
¿tu fuente o mi sed?

39. Muñeca de papel

Cuando alimentas
dimes y diretes,
cuando te vistes
de aires ajenos,
tú no eres tú,
eterna muñeca
de ojos azules.

40. Canción del viento enamorado

¿Quién puede amordazar el viento,
atar las nubes, ahogar el silencio?
Te respiré,
energía rebosante,
y al punto levé anclas.
Tu voz,
paloma y bravura,
sol y luz en la playa.
Te quiero.
La tierra,
prados de versos,
árboles de jilgueros.
Nos queremos…

41. ¿ME QUIERES?

Paloma, ¿me quieres?
Rubor en las mejillas,
luz en tu mirada,
mohín en los labios,
silenciaron el silencio.
Sonreí, cerré los puños
y me fui silbando.

42. Fusión

Nuestro sutil contacto
forjó reacción al punto.
Algo hemos perdido
y algo hemos ganado.
Fundidos, viajamos
hacia una dimensión
sin nubes ni intervalos.

43. Hasta aquí hemos llegado

Tus celos no molestan,
hasta complacen mi ego.
Pero cuando espías mi móvil,
quiebras el firme cuartel
donde anida la confianza.
Razón y corazón
a veces no se entienden.

44. BALADA DE UNA GUITARRA

Música y poesía
son eternas enamoradas.
Ritmo y melodía
en un verso atrevido
ensombrecen el brillo
de un anillo en la mano.
Hoy despliego mi ser,
suelto la palabra,
libro el corazón.
Mi espera se viste
de verde esperanza
ante la vivaz mirada
de una estrella.
Capullo de alegría
nerviosa y desbordante
que refresca y contagia
ansias de luz.
Cervatilla juguetona,
la vida fluye por toda TÚ,
incontenible, apasionada.
El tiempo se detuvo
a admirar el brillo de tus ojos
y embeber tu risa desatada.
Cuando de noche llegó a casa,

la luna sintió celos,
celos de amor que matan.
Valiente, tenaz y corajuda,
seductora, rubia cabellera,
sueña, sueña y vuela
hasta alcanzar las notas
de una guitarra que, por ti,
noche y día se desvela.

45. Seducción

Cuando todo calla, tú hablas,
cuando todo habla, tú sonríes,
cuando llega la noche, tú brillas,
cuando amanece, te escondes.
Tu presencia envuelve el aire
en un halo de alegría desbordante.
Eres la chispa de la vida
que en penosas travesías
me serena, reconforta y anima.
En la duda ofreces luz;
en la fiesta —¡ay, la fiesta!—
la locura me viste de colores
entre tu piel y tus abrazos.
¡Cuántos sueños contigo!
¡Cuántos despertares sin ti!
Siento celos de tu imagen,
cuando se esfuma y aparece
entre risas y contoneos.
Anhelo nuestro beso tierno,
mi niña, mi cielo.
Amor mío,
llegó la hora de partir.
El destino es más fuerte
que el querer.

Yo sigo buscando,
soñando con el poeta.
Me voy,
pero ni tiempo ni distancia
borrarán los surcos profundos
que el cariño labró en sementera.
Si mi amor no te bastara,
yo te daría mi vida toda
y, si por poder se pudiera,
yo sería todo tú:
manos tuyas, boca tuya,
ojos tuyos,
y, así…,
escondido, empapado,
borracho y perdido,
respirar tú, reír tú, llorar tú
y amarte toda tú
sin que te dieses cuenta.
¡Ay, amor!, di algo,
que estoy que estallo.

46. Amor al aire libre

Me apasiona
hacerte el amor
al aire libre,
hierba verde,
noche limpia,
desnudos,
solos,
mirando estrellas.
Me gusta
dormir en tu regazo,
y saludar al día
con el murmullo
de un arroyo
vivo y claro.

47. Ladrón hechicero

Juego al escondite
cuando duermes,
para robarte besos
y hechizar tus ojos,
sabor a miel.

48. Las semillas del todo

El principio nació de la nada,
como el rosal de la ceniza.
Nuestro amor brotó en la sequía
del infierno de tu ausencia.

49. Canción de un amor baldío

¡Ay, Dionisos!,
¿por qué levantas mi copa,
robas mi ánimo,
incendias mi deseo?
¿Por qué, a la sombra de Cronos,
me abandonas —herido—
y te escondes —estéril—
en la hiedra?
Dime cómo el vino trocó en agua
y la primavera invierno.

50. Esclavo de tus besos

En mi mesa de trabajo
guardo el códice
que me legó un peregrino
en el Camino de Santiago:
«Guarda la distancia justa.
Si te alejas demasiado,
errarás en el puntero;
si te acercas en exceso,
anublará tu cerebro».
Cuando dibujo tu cuerpo
con letras de pan y queso,
tus besos me encarcelan,
me atrapan y dominan.
Escanearé el corazón
en la cima del Calvitero.

51. LADRONA DE NOCHE

Ladrona de noche,
me has afanado
lo que más quería.
Sí, tú, mi ladrona,
ojitos de gata,
cuerpo salvaje,
fragancia suave,
besos de pasión,
infinito corazón,
sonrisa de verde,
palabras alegres,
blanca felicidad,
pozo de bondad.
¡Maldito quejido
salvaje del alma!

52. Libre amor

Si mi cuerpo luce hombre
y el alma brilla niño,
si tu alma huele a mujer
y el cuerpo viste niña,
¿acaso está escrito
que no nos podamos querer?

53. ¿Y TÚ ME LO PREGUNTAS?

EL Amor ES rayo,
abrasa la negrura de la guerra.
El Amor ES belleza,
resalta tu corona.
El Amor ES agua,
oasis en el desierto.
El Amor ES abrazo,
seguridad en la incertidumbre.
El Amor ES hombro
donde apoyar tu cabeza.
EL Amor ES fuego y luz
en noche gélida, sin estrellas.
El Amor ES conciencia
en la choza del sabio.
El Amor ES pan y vino
en la mesa con amigos y forasteros.
El Amor ES dulzura
en la soledad amarga.
El Amor ES alegría
que borra la tristeza.
El Amor ES don
para quien abre sus puertas.
Es Amor ES compasión
con el gozo y el infierno.

El Amor ES vida
que mata la muerte.
El Amor ES energía
que traspasa las galaxias.
El Amor ES un baile
con música de las letras.
El Amor ES dios
cuando el humano
sonríe ante la sombra
y abraza la naturaleza.

54. Partida 8032023

«Hoy no estoy animada», dijiste.
«Yo sí», respondí.
Jugamos una partida
al ajedrez y te gané.
Acaricié tu cerebro,
besé tus ojos,
coroné tu alma.
No tuviste alternativa:
me ofreciste la llave
de tu cofre terciopelo
y nos zambullimos
en olas de amor.
Gemidos de placer
despertaron a la luna
cuando los gallos cantaban
una y dos
a las tres de la mañana.

55. El río y el mar

El río le dijo al mar:
    «Ya me echabas de menos, ¿eh?».
Y el mar le respondió:
    «A pesar de tus noches y meandros,
    desembocarás en mi bahía;
    yo te estaré esperando
    para acogerte en mi regazo».

V. ADEENE

56. Vagabundo

Pasó la vida
buscando un oasis
de aguas transparentes
y verde hierba
en medio del desierto.
Nunca supo
que en algún lugar,
allende la ciudad,
luces y sombras,
el manantial lo tenía dentro.

57. Camino hacia la neurosis

Cuando te empecinas en mostrar
que eres la más joven,
la más guapa, la más lista,
entras en la autopista
hacia la neurosis.
Con Mozart, te iría bien.
Es el mejor psicólogo que conozco.

58. Adeene

Repaso el acta del sapiens.
¿Guerras y más guerras,
salvo estrechos períodos de paz?
¿Extenso tejido de bondades
y breves ríos de sangre?
¡Qué grandeza y pequeñez
la de este dios gemelo
para crear y destruir,
para dormir en el conflicto
y despertar con el amor!

59. ¿QUIÉN ERES?

Eres lo que de ti quisieron:
creencias, experiencias,
emociones, pensamientos.
También puedes no ser
creencias, experiencias,
emociones, pensamientos.
Dar órdago al destino
empuñando la curiosidad
por la selva del misterio,
una aventura mágica
solo para atrevidos.

60. AUTORRETRATO

Soy un ente social,
nací desvalido.
Solo en compañía
puedo bien vivir
y morir en paz.

61. Desengaño

La franca espontaneidad
ante tu luz me desnudó,
con ímpetu me arrolló.
Quise, sin veleidad,
regalarte una sonrisa,
caminar por la montaña
sin doblez ni artimaña,
en noches bailar sin prisa.
Pero tu cara beata
dibujó un guiño craso.
¡Ingenuo! El tiro raso
me salió por la culata.

62. Me llamo soledad

En medio
de esta familiar
y profunda oscuridad
que anuda la garganta,
nubla mi vista,
postra la inteligencia.
¿Dónde estás?
¿Dónde estoy?
Agudas fibras
de mi ser sentiente
chocan contra las paredes
de tus concavidades.
Me duelen los oídos,
me duelen los ojos,
me duele el corazón,
se me traban las pisadas.
¡Ay! Se me parte el alma.
Solo la soledad salvaje
me libera y alivia
ese tensionado
volver sobre mis pasos,
la cara en la cara,
la nariz en la nariz,
la boca en la boca,
la palabra en mi palabra…

63. Al habla con el no-ser

«Si no eres tú, ¿quién?
Si no es aquí, ¿dónde?
Si no es ahora, ¿cuándo?»
(Del jasidismo)

64. A LA SOMBRA DE TUS PADRES

Amigo Jung, agradezco tu agudeza:
«Nada tiene una influencia psicológica
más poderosa sobre el entorno
y, especialmente, sobre los hijos,
que la infancia no vivida de los padres».

65. La grandeza del sapiens

La grandeza del humano
no reside en su bondad,
en su gentil disposición
para compartir el bien,
sino en su capacidad
para gestionar el mal,
y, pudiendo rematarlo,
lo aherroja a su espalda.

66. Rey y esclavo

A mi señor Don Quijote

Naciste esclavo de casi todo,
eres rey de casi nada.
La ley no redime tus cadenas.
Tendrás que soltarlas a martillo
con aceite, sudor y lágrimas.
¡Suerte y tiempo!
a que tus brazos vigorosos
fragüen lo que del bendito cielo
te ha sido regalado.

67. VOLANDO VA

Su libertad no tiene precio.
«La verdad, antes que nada;
haz el bien, siempre que puedas».
Con estos bártulos en la mochila
y un par de duros en la cartera,
a los veintipocos salió
a conquistar el viento.
Hoy, de vuelta a casa,
la guarda fresca y en paz.
Recoge las sombras del pasado,
sacude el polvo de las alas
y bebe néctar del recuerdo.

68. SABIDURÍA MINGOTESCA

—¿Qué es preferible, abuelo,
ser de derechas o de izquierdas?
—Pues verás, antes que nada,
no ser gilipollas. Luego ya…»

Antonio Mingote

Espero,
esperanzado,
el sentido común de mis nietos.

69. Tarjeta de invitados

Por el camino encontré
dos antiguas amistades.
Asentados en la orilla,
nos hicimos a conversar.
Fiel escribano, doy fe
de sus credos militantes
que, salvo rectas licencias,
con permiso revelo:

«Tú no eres yo y yo no soy tú.
No soy tu caja de Pandora
ni tú mi cofre de perlas.
Si la montaña nos encontrara
y nos concediera disfrutar juntos,
sería hermoso y genial.
Si no, el mundo no se acaba,
el camino sería nuestro destino» (Fritz Perls).

«Tú eres yo y yo soy tú.
Tú cultivas la flor que hay en ti,
para que yo sea hermoso.
Yo retiro lo bajo que hay en mí,
para que tú no tengas que sufrir.

Yo te apoyo y tú me apoyas.
Yo te ofrezco casa y paz;
tú, alegría y pan» (Thich Nhat Hanh).

¿A quién invitarías a cenar?

70. SIN COMPLEJOS

La culpa no curva mi espalda.
No hice mal a sabiendas.
Errores sí los tuve, hijos
de la simple inconsciencia
de una carrera desmedida
o del fardo de la doctrina.
Las raíces son mi sustento.
Asumo que fui humano
y la herencia de mis abuelos.
De vuelta a mi niñez, cabalgo
en el Rucio de Barataria
y en Rocinante de El Toboso.

71. SOS

Náufrago
en mar atormentado.
¿Estarás tú, oh, Dios,
en la orilla infinita?
¿Moriré engullido
por olas bravías?

72. Ausencia

Me hiere
la ausencia de luz
y la silueta de tu sombra,
pero el dolor más grande acecha
cuando me busco
y no me encuentro.

73. Desnudo

Quitadme todo,
nada es mío,
pues todo me habéis donado.
A cambio, como el poeta,
una cosa os pido:
dejadme solo, desnudo,
abrazando mi tierra.

74. EGO SUICIDA

Todos tenemos alguna virtud principal.
«YO, yo soy
una persona singular»,
sentó el catedrático
antes de suicidarse,
cuando un alumno avispado
rebatió en público su idea.

75. Destino de la perfección

Por formación,
más que por genes,
su insatisfecho
corazón buscó
la perfección
en casi todo.
No le bastaba
el solo gozo
del deber llano.
En su camino
no la alcanzó
en casi nada.

76. Serotonina

Si estoy triste,
hago un cóctel:
chorro de buena música
y ron de poesía.

77. Grafitis sobre un epitafio

Dijo Descartes,
después de mucho cavilar:
    Ya está, tengo una idea:
    «Pienso, luego existo.»
    Ya puedo morir en paz.
Así fue, y en paz murió.
Heráclito,
atrevido grafitero,
replicó en su lápida:
    «No busques ideas, fluye con el río.
    El misterio siempre te arroja
    en la playa donde te esperan».

Índice

www.ingramcontent.com/pod-product-compliance
Lightning Source LLC
LaVergne TN
LVHW041112150826
845673LV00007B/2027

* 9 7 8 8 4 1 9 8 2 7 4 9 4 *